BEI GRIN MACHT SICH IHR WISSEN BEZAHLT

- Wir veröffentlichen Ihre Hausarbeit, Bachelor- und Masterarbeit

- Ihr eigenes eBook und Buch - weltweit in allen wichtigen Shops

- Verdienen Sie an jedem Verkauf

Jetzt bei www.GRIN.com hochladen und kostenlos publizieren

Konzeption eines qualitativen Interviewleitfadens. Verzerrungen und Abläufe verschiedener Methoden

Sina Weber

Bibliografische Information der Deutschen Nationalbibliothek:

Die Deutsche Nationalbibliothek verzeichnet diese Publikation in der Deutschen Nationalbibliografie; detaillierte bibliografische Daten sind im Internet über http://dnb.d-nb.de abrufbar.

ISBN: 9783346733986
Dieses Buch ist auch als E-Book erhältlich.

© GRIN Publishing GmbH
Nymphenburger Straße 86
80636 München

Alle Rechte vorbehalten

Druck und Bindung: Books on Demand GmbH, Norderstedt Germany
Gedruckt auf säurefreiem Papier aus verantwortungsvollen Quellen

Das vorliegende Werk wurde sorgfältig erarbeitet. Dennoch übernehmen Autoren und Verlag für die Richtigkeit von Angaben, Hinweisen, Links und Ratschlägen sowie eventuelle Druckfehler keine Haftung.

Das Buch bei GRIN: https://www.grin.com/document/1280242

Inhaltsverzeichnis

Inhaltsverzeichnis 1

Abkürzungsverzeichnis 2

Abbildungsverzeichnis 3

1. Aufgabe B1 4
   1.1 Der qualitative Interviewleitfaden 4
   1.2 Das Konstrukt Unternehmensreputation 6
   1.3 Konzeption eines qualitativen Interviewleitfadens 7
   1.4 Stakeholder 9
   1.5 Fallauswahl 9
   1.6 Ablauf und Durchführung eines qualitativen Interviews 10

2. Aufgabe B2 11
   2.1 Verzerrungen im Interview 11
   2.2 Verzerrungen durch den Interviewer 12
   2.3 Verzerrungen durch den Befragten 13

3. Aufgabe B3 14
   3.1 Qualitative Inhaltsanalyse 15
   3.2 Ablauf der inhaltlich strukturierenden qualitativen Inhaltsanalyse 15
   3.3 Ablauf einer evaluativen qualitativen Inhaltsanalyse 18
   3.4 Vergleich beider Methoden 20

4. Anlage 22

Literaturverzeichnis 26

Abkürzungsverzeichnis

Aufl.	Auflage
bspw.	beispielsweise
bzw.	beziehungsweise
d.h.	das heißt
et al.	und andere
Hrsg.	Herausgeber
z. B.	zum Beispiel
Vgl.	Vergleiche

Abbildungsverzeichnis

Abbildung 1: Ablaufschema einer inhaltlich strukturierenden Inhaltsanalyse....16

Abbildung 2: Ablaufschema einer evaluativen qualitativen Inhaltsanalyse.......18

1. Aufgabe B1

Aufgabenstellung des ersten Teils der Einsendeaufgabe ist die Operationalisierung des Konstrukts Unternehmensreputation anhand des Modells von Mark Eisenegger sowie die Konzeption eines qualitativen Interviewleitfadens. Eingesetzt werden soll der Interviewleitfaden bei der Vertical Media GmbH, einem Fachverlag für die Digitalwirtschaft mit Sitz in Berlin. Die Produkte des Medienhauses setzen sich aus dem Online-Magazin Gründerszene, verschiedenen Netzwerkformaten wie die Spätschicht sowie der Karriereplattform Jobbörse zusammen. Die Vertical Media GmbH hat 65 Beschäftigte.

1.1 Der qualitative Interviewleitfaden

Da die qualitative Forschung sehr vielfältig ist, haben sich unzählige Methoden entwickelt. Insbesondere wenn es um Fragen nach dem Erleben und Verhalten des Menschen geht, stößt die quantitative Forschung an ihre Grenzen. Ein wichtiges Prinzip des qualitativen Forschens ist die Offenheit, um Gegenstände in ihrer spezifischen Erscheinung untersuchen und beschreiben zu können. Daher werden im Gegensatz zur quantitativen Forschung vorab keine Beschreibungskategorien festgelegt wie bspw. Ratingskalen in Fragebögen, sondern offene Verfahren wie das Interview eingesetzt, damit sich die Befragten in ihren eigenen Worten äußern können.[1] Das Prinzip der Offenheit bedeutet jedoch keine Beliebigkeit. Im Gegenteil bestehen bei der qualitativen Forschung methodische Regeln und Ablaufpläne. So sind Spielräume für Nachfragen, Vertiefungen oder Umformulierungen nach festen Regeln ausgestaltet, damit die Validität gesichert wird.[2] Des Weiteren ist die qualitative Forschung durch eine Ganzheitlichkeit geprägt. So werden die auf den Untersuchungsgegenstand bezogenen subjektiven Perspektiven und die Reflexionen der Forschenden über Emotionen, Handlungen, etc. mit einbezogen.[3]

---

[1] Vgl. Hussy et al. (2013), S. 185-191.
[2] Vgl. Mayring (2020) S. 4.
[3] Vgl. Flick (2006), S. 12-13.

Zu den gängigsten Verfahren der qualitativen Forschung zählt das Interview.[4] Interviews sind eine effektive Methode der Datenerhebung, um „reichhaltige" empirische Daten zu Wahrnehmungen, Meinungen oder Einstellungen zu gewinnen. Es existiert eine Bandbreite an Typen qualitativer Interviews. Ein Abgrenzungskriterium schafft der Grad an Strukturiertheit, so dass zwischen voll-, halb- und unstrukturierte Interviews unterschieden werden kann.[5]

- Bei strukturierten Interviews erfolgt eine Festlegung von Inhalt, Reihenfolge der Fragen, Antwortklassen und Art der Auswertung. Individuelle Variationen sind unerwünscht. Dadurch wird eine gute Vergleichbarkeit der Interviews sichergestellt.[6] Dieses Instrument zählt zu den quantitativen Datenerhebungsmethoden.[7]
- Bei unstrukturierten Interviews sind hingegen nur die Themen festgelegt.[8] So wird bspw. bei narrativen Interviews ein Erzählanstoß gegeben, damit sich die Befragten frei in eigenen Worten äußern können.[9]
- Halbstrukturierte Interviews vereinen die Vorteile der strukturierten und unstrukturierten Befragung. Es beruht auf einem Gesprächsleitfaden, in dem Fragen mehr oder weniger ausformuliert festgelegt sind.[10]

Für tiefgehende, offene Explorationen von Sachverhalten werden insbesondere halb- oder unstrukturierte Interviews verwendet.[11] Gegenstand der Arbeit ist die Konzeption eines qualitativen Interviewleitfadens, so dass ein unstrukturiertes oder halbstrukturiertes Interview als Datenerhebungsinstrument in Frage kommt. In der vorliegenden Arbeit wird ein Leitfadeninterview als qualitative Erhebungsmethode ausgewählt. Das Leitfadeninterview ist eine teilstrukturierte Befragung, in der Themen und Fragen vorgegeben werden, um eine Vergleichbarkeit der einzelnen Interviews zu ermöglichen. Dennoch ist das Interview möglichst offen gestaltet. Ziel ist nämlich ein möglichst offenes Gespräch, in dem die Interviewten ihre Sicht schildern[12] und individuellen

---

[4] Vgl. Mey/Mruck (2020), S. 316-323.
[5] Vgl. Willoh (2015), S. 104-105.
[6] Vgl. Renner/Jakob (2020), S. 13.
[7] Vgl. Döring/Bortz (2016), S. 322.
[8] Vgl. Renner/Jakob (2020), S. 14.
[9] Vgl. Döring/Bortz (2016), S. 322.
[10] Vgl. Renner/Jakob (2020), S. 16.
[11] Vgl. Willoh (2015), S. 104-105.
[12] Vgl. Prochazka (2020), S. 121.

Sichtweisen der Befragten vertieft erschlossen werden können.[13] So ist die Reihenfolge der Fragen nicht festgelegt, so dass auch zu einer später folgenden Frage gesprungen werden kann oder es können weitere Fragen gestellt werden, die nicht im Leitfaden stehen und sich aus der Situation heraus ergeben. Hier zeigt sich ein großer Vorteil des qualitativen Vorgehens. Denn so können neue Aspekte erforscht werden, die bei der Konzeption der Studie noch nicht berücksichtigt wurden.[14]

Vor Beginn einer Untersuchung sind die relevanten Aspekte des Untersuchungsgegenstands zu identifizieren.[15] Das von Mark Eisenegger entwickelte Modell zur Messung der Reputation eines Unternehmens soll mit seinen Dimensionen und Indikatoren als Grundlage für den Leitfaden dienen.

1.2 Das Konstrukt Unternehmensreputation

Eisenegger hat einen dreidimensionalen Reputationsbegriff entwickelt, der eine kognitive, eine affektive und eine normative Dimension umfasst und kurz im Folgenden dargestellt werden soll:[16]
Bei der funktionalen Reputation müssen sich die Akteure in einer „kognitiven Welt des Wahren" bewähren. Die Beurteilung findet in Bezug auf die erfolgreiche Erreichung bestimmter Ziele statt, d.h. wie gut eine Person ihre Leistungsrolle ausübt oder wie gut eine Organisation ihrem Zweck dient. Journalisten z. B. mehren ihre funktionale Reputation durch Erhöhung der Auflagezahlen oder Manager und Unternehmen durch Steigerung der Gewinne.[17] Indikatoren dieser Dimension sind Produkt- und Dienstleistungsqualität, Wirtschaftlicher Erfolg, Managementqualität/Kompetenz der Führung, Innovationsfähigkeit und Bedeutung/Marktposition.[18]
Die soziale Reputation wird in der „normativen Welt des Guten" daran gemessen, inwiefern gesellschaftliche Normen befolgt und Werte berücksichtigt werden.

---

[13] Vgl. Döring/Bortz (2016), S. 365.
[14] Vgl. Prochazka (2020), S. 121.
[15] Vgl. Hussy et al. (2013), S. 225.
[16] Vgl. Eisenegger/Imhof (2007), S. 3.
[17] Vgl. Ebd., S. 3-4.
[18] SRH Studienaufgabe (2020), S. 3.

Manager sollen bspw. soziale und ökologische Standards einbeziehen.[19] Indikatoren der sozialen Reputation sind: Soziale Verantwortung, Wohlergehen der Mitarbeiter, Ressourcen und Umweltmanagement.[20]

Die expressive Reputation wird in der „subjektiven Welt des Schönen" durch eine emotionale Attraktivität bewertet. Der Reputationsträger äußert gezielt Expressionen, um bei Dritten attraktiv zu erscheinen. Sie entwickelt sich dabei nicht losgelöst von der funktionalen und sozialen Reputation. So kann ein Unternehmen deshalb emotional attraktiver wirken, weil die funktionale Dimension durch Innovation mit faszinierenden Produkten geprägt ist. Ein Unternehmen kann sympathisch erscheinen, weil es ethische Prinzipien über das Profitinteresse stellt.[21] Indikatoren sind Sympathie, Faszination der Marke und Faszination des Unternehmens.[22]

1.3 Konzeption eines qualitativen Interviewleitfadens

Im Vorfeld der Leitfadenkonzeption werden die für die Forschungsarbeit wesentlichen Themen bestimmt.[23] Grundlage für die Formulierung der Fragen bildet ein theoretisches Konstrukt wie Unternehmensreputation, das begrifflich so zerlegt wird, so dass zunächst die Dimensionen des Konstrukts herausgearbeitet und dann Indikatoren gebildet werden.[24] In dem vorangegangen Abschnitt sind die drei Dimensionen des Konstrukts Unternehmensreputation mit ihren jeweiligen Indikatoren vorgestellt worden, aus denen die Fragen abgeleitet werden.

Zu Beginn des Interviews werden biografische Grundinformationen wie Alter, Ausbildung, Beruf erfragt, um sich ein Bild über den Interviewten zu machen und individuell auf die Person eingehen zu können. Daran anschließend erfolgen allgemeine Fragen zum Untersuchungsgegenstand. Im Verlaufe des Gesprächs können die allgemeinen durch detaillierte Fragen ergänzt werden.[25]

---

[19] Vgl. Eisenegger/Imhof (2007), S. 4-5.
[20] SRH Studienaufgabe (2020), S. 3.
[21] Vgl. Eisenegger/Imhof (2007), S. 5.
[22] SRH Studienaufgabe (2020), S. 3.
[23] Vgl. Wild (2016), S. 60.
[24] Vgl. Brosius et al. (2016) S. 95.
[25] Vgl. Döring/Bortz (2016), S. 372.

Im Leitfadeninterview werden vor allem offene Fragen gestellt.[26] Diese unterscheiden sich von geschlossenen Fragen in Bezug auf die explizite Vorgabe der Antwortform. Offene Fragen eignen sich bei der Eröffnung oder ausführlicheren Behandlung eines Themas sowie für die Anregung konkreter Beispiele; geschlossene Fragen im Anschluss an offene Fragen, um Details zu klären.[27] Darüber hinaus sollten lange Fragen, unklare Formulierungen, Fremdwörter, doppelte Verneinungen und Suggestivfragen vermieden werden.[28] Suggestivfragen legen eine bestimmte Antwort nahe.[29] Auf solche Fragen wird es seitens der Interviewten keine ehrliche, sondern eine erwünschte Antwort geben.[30] Ferner sollten sich die Fragen nur auf einen Aspekt beziehen und dem Sprachniveau des Interviewten entsprechen.[31]

Mit zunehmendem Erkenntnisgewinn verändert sich der Interviewleitfaden durch die Aufnahme neuer Fragen oder das Entfallen von Fragen.[32] Dadurch dient der Leitfaden bei der Gesprächsführung lediglich als Anhaltspunkt.[33] Die Fragen können wörtlich oder stichpunktartig entwickelt werden.[34]

Da das Interview einen Lernprozess darstellt und im Verlaufe des Gesprächs weitere Gedanken aufkommen, erhalten die Befragten zum Ende des Interviews die Möglichkeit, weitere Fragen zu stellen oder Anmerkungen zu ergänzen.[35]

In der Literatur wird ein Leitfaden von ca. ein bis zwei Seiten mit etwa acht bis fünfzehn Fragen, die sich in Haupt- und Differenzierungsfragen unterteilen lassen, empfohlen.[36]

Der für diese Arbeit entwickelte qualitative Interviewleitfaden ist der Einsendeaufgabe angehangen. Die Fragen sind wortwörtlich gestellt und sollen dem Interview eine gewisse Struktur bzw. ein Gerüst für die Datenerhebung und Datenanalyse verleihen.[37] Die Hauptfragen werden durch eingerückte Differenzierungsfragen ergänzt, falls das Gespräch ins Stocken gerät oder um zusätzliche Sichtweisen zu generieren.

---

[26] Vgl. Ebd., S. 372.
[27] Vgl. Renner/Jakob (2020), S. 53-54.
[28] Vgl. Hussy et al. (2013), S. 229.
[29] Vgl. Renner/Jakob (2020), S. 49.
[30] Vgl. Hussy et al. (2013), S. 229.
[31] Vgl. Renner/Jakob (2020), S. 48.
[32] Vgl. Mey/Mruck (2020), S. 328.
[33] Vgl. Hussy et al. (2013), S. 225.
[34] Vgl. Döring/Bortz (2016), S. 372.
[35] Vgl. Wild (2016), S. 61.
[36] Vgl. Ebd., S. 372.
[37] Vgl. Döring/Bortz (2016), S. 372.

1.4 Stakeholder

Stakeholder sind Anspruchsgruppen, die von der Nutzung des Untersuchungsgegenstandes betroffen sind sowie Personen, die an der Entwicklung, Umsetzung und Optimierung des Untersuchungsgegenstandes beteiligt sind.[38] Die drei wichtigsten Stakeholder der Vertical Media GmbH sind das zuständige Vorstandsmitglied des Mutterunternehmens, fünf Beschäftigte aus den Abteilungen Personal, Redaktion, Sales, Events und Marketing sowie fünf Partner/Kunden aus dem Sales- und Event-Bereich.

1.5 Fallauswahl

Die qualitativen Stichproben von Leitfadeninterviews umfassen meistens 10 bis 20 Befragte.[39] Die kleine Fallzahl ergibt sich dabei aus der Zielsetzung, detaillierte und tiefergehende Analysen vorzunehmen.[40] Da eine blinde Zufallsauswahl wie sie bei quantitativen Studien durchgeführt wird, zu wenig aussagekräftigen Stichproben führen würde, werden in der qualitativen Forschung bewusst Fälle ausgewählt. Während im quantitativen Ansatz durch die Zusammensetzung der Fälle die Population nachgebildet wird, sollen in der qualitativen Fallauswahl die für den Untersuchungsgegenstand besonders wichtigen Merkmale, üblicherweise drei Merkmale, vorkommen. Aufgrund der theoretischen und empirischen Vorkenntnisse können gezielt besonders aussagekräftige Fälle aufgenommen werden.[41]

Intern werden die beiden Geschäftsführer, der für die Vertical Media GmbH verantwortliche Vorstand, der Chefredakteur sowie jeweils eine Mitarbeiterin aus den Bereichen Personal, Sales, Events, Marketing und Public Relations befragt. Externe Befragungspersonen sind die drei wichtigsten Key Accounts, die auf der Internetseite der Gründerszene, dem Kernprodukt der Vertical Media GmbH werben, drei Partner, die Gründerszene Events sponsern, sowie drei Start-ups, über die auf der Internetseite der Gründerszene redaktionell berichtet wurde. Mit

---

[38] Vgl. Döring/Bortz (2016), S. 983.
[39] Vgl. Ebd., S. 373.
[40] Vgl. Schreier (2020), S. 20.
[41] Vgl. Döring/Bortz (2016), S. 302-303.

dieser Auswahl soll eine größtmögliche Repräsentativität der Stichprobe gewährleistet werden.

1.6 Ablauf und Durchführung eines qualitativen Interviews

Zunächst wird der Leitfaden in einem Pretest bzw. Probe-Interview getestet und bei Bedarf überarbeitet.[42] Hierbei wird anhand einer kleinen Stichprobe inhaltlich überprüft, ob Fragen verständlich formuliert wurden, Begriffe missverständlich sind, die Fragenreihenfolge sinnvoll ist und die angegebene Interviewlänge realistisch ist.[43] An diese Pilotphase schließt sich die eigentliche Hauptuntersuchung, das Interview, an.[44]

Da das Führen von Interviews wesentliche Kompetenzen, wie das richtige Stellen von Fragen, aktives Zuhören oder ein gewisses Feingefühl für die Interviewten erfordert,[45] sollten die Interviewer_innen vorab geschult und Interviews in Rollenspielen geprobt haben.[46]

Das qualitative Interview lässt sich in die drei Phasen Eröffnung, Hauptteil und Endphase aufteilen.[47]

Der Gesprächsbeginn wird mit einem Warming-up eingeleitet, in dem sich die Interviewpartner vorstellen und Smalltalk führen, um eine entspannte Atmosphäre herzustellen. In der Interviewöffnung wird das Untersuchungsanliegen dargestellt.[48] Wichtig ist, Informationen über den Untersuchungsablauf und -zweck sowie über die Aufzeichnung des Interviews zu geben.[49]

Im Hauptteil werden dann die ausgearbeiteten Fragen gestellt.[50] Hauptaufgabe der Interviewerin oder des Interviewers ist es, den Gesprächsablauf zu steuern und weiterführende und vertiefende Fragen zu formulieren, damit die oder der Befragte beim Thema bleibt.[51]

---

[42] Vgl. Döring/Bortz (2016), S. 372.
[43] Vgl. Steffen/Doppler (2019), S.33.
[44] Vgl. Hussy et al. (2013), S. 226.
[45] Vgl. Ebd., S. 230.
[46] Vgl. Döring/Bortz (2016), S. 365.
[47] Vgl. Hussy et al. (2013), S. 228.
[48] Vgl. Döring/Bortz (2016), S. 366.
[49] Vgl. Hussy et al. (2013), S. 228.
[50] Vgl. Ebd., S. 228.
[51] Vgl. Döring/Bortz (2016), S. 366.

In der Endphase wird das Ende des Gesprächs angekündigt, sich für die Teilnahme bedankt und den Befragten die Gelegenheit gegeben, weitere Aspekte anzusprechen, die wichtig sind.[52] Dem Ende des offiziellen Interviews schließt sich ein informelles Gesprächsende an. In dieser Phase können oftmals noch substanzielle Informationen nachgeliefert werden. Daher sollte auch das Nachgespräch mit Einverständnis der Befragten aufgezeichnet werden.[53]

Im Anschluss des Interviews werden Gesprächsnotizen bzw. ein Postskriptum angefertigt. Diese enthält Beschreibungen der Interviewten, wie u.a. die äußere Erscheinung, seelische Verfassung etc. und der Räumlichkeiten sowie eine Dokumentation der Gesprächsatmosphäre und Unterbrechungen. Bei der späteren Beurteilung der Validität des Materials stellt das Postskriptum eine Grundlage dar.[54]

Die Aufzeichnungen werden schließlich für die interpretative Auswertung transkribiert und mittels qualitativer Datenanalyseverfahren ausgewertet. Das Material ist am Ende sorgfältig zu archivieren.[55]

2. Aufgabe B2

Aufgabe des zweiten Teils ist die Darstellung von Verzerrungen im Interview sowie welche Fehler seitens des Interviewers und seitens des Befragten auftreten können. Zudem werden Möglichkeiten aufgezeigt, wie der Grad der Verzerrung so gering wie möglich gehalten werden kann.

2.1 Verzerrungen im Interview

Dank der menschlichen Informationsverarbeitung ist möglich, komplexe Situationen und Sachverhalte zu verstehen, mit Anderen zu kommunizieren sowie vieles mehr. Allerdings ist der Mensch trotz der hervorragende Denkmaschine Gehirn kein „Homo Ratio", sondern landet immer wieder in

---

[52] Vgl. Hussy et al. (2013), S. 228-229.
[53] Vgl. Döring/Bortz (2016), S. 366.
[54] Vgl. Ebd., S. 367.
[55] Vgl. Ebd., S. 367.

Denkfallen, den sogenannten kognitiven Verzerrungen. Die kognitiven Fehlprozesse, die im Menschen ablaufen, tragen dazu bei, dass die Umwelt nicht völlig neutral oder objektiv wahrgenommen und beurteilt werden kann.[56] Definiert werden kann der Begriff Verzerrung als „Sammelbegriff für systematische, unbewusste und fehlerhafte Prozesse der menschlichen Informationsverarbeitung."[57]

Bei der Erhebung von Interviewmaterial besteht grundsätzlich die Gefahr systematischer Antwortverzerrungen.[58] Fehlerhafte Ergebnisse können aufgrund von Verhaltensweisen des Interviewenden wie mangelndes Zuhören oder der Befragungsperson wie Selbstdarstellungsverhalten liegen.[59] Oftmals gehen die Verzerrungen auf das Verhalten des Interviewenden zurück.[60]

2.2 Verzerrungen durch den Interviewer

Zahlreiche Studien können aufzeigen, dass die Ergebnisse der Befragung durch die Person des Interviewers stark beeinflusst werden kann. So kann das Sprachniveau des Interviewenden einen Intervieweffekt zur Folge haben. In einer Untersuchung sprach ein Teil der Interviewenden Dialekt, der andere Hochdeutsch. Die Frage, ob sich die Befragten besser in Hochdeutsch ausdrücken könnten als im Dialekt, wurde bei rund 60 % der Teilnehmenden mit „Ja" beantwortet, wenn die Interviewenden hochdeutsch sprach; 10 % bejahten die Frage, wenn Dialekt verwendet wurde. Ebenfalls kann das Geschlecht des Interviewenden eine Verzerrung im Antwortverhalten verursachen. Dabei gilt, dass das Geschlecht vor allem zu berücksichtigen ist, wenn es mit der Frage zusammenhängt. Geht es bspw. um das Sehen pornografischer Inhalte, ist die Interaktion zwischen Männern und Männern höher als wenn Männer von Frauen befragt werden.[61] Beim Thema „Männer und Hausarbeit" werden emanzipierte Männer, die von Frauen befragt werden, ihre Mitarbeit übertreiben; sog. „Machos" dagegen vermutlich untertreiben. Ferner kann die Hautfarbe der

---

[56] Vgl. Knorr/Weber (2020), S. 103
[57] Bröder/Hilbig (2017), S. 634.
[58] Vgl. Wittkowski (1994), S. 41.
[59] Vgl. Döring/Bortz (2016), S. 383.
[60] Vgl. Wittkowski (1994), S. 41.
[61] Vgl. Brosius et al. (2016), S.127-128.

Interviewenden einen Effekt auf die Antworten von Schwarzen und Weißen haben. Neben den manifesten, könne aber ebenfalls latente Merkmale einen Einfluss auf das Antwortverhalten der Befragten nehmen. Ist der Interviewer bzw. die Interviewerin offen und gesprächsbereit, wirkt sich dies auf die Befragten aus. Werden Fragen schnell heruntergelesen, ist das Antwortverhalten der Interviewten ebenfalls entsprechend.[62]

Zudem sollte das Auswertungsverfahren regelgeleitet sein. Somit ist sicherstellt, dass alle Daten berücksichtigt werden. Da Erinnerungen häufig selektiv sind, bleiben den Interviewenden vor allem diejenigen Informationen in Erinnerung, die mit eigenen Vorannahmen übereinstimmen. Gegensteuern können Forschende dieser Verzerrung, indem auch Gegenbeispiele bei der Auswertung berücksichtigt werden.[63]

Schließlich kann der Gefahr von Verzerrungen durch ein neutrales Auftreten und eine intensive Schulung des Interviewenden vorgebeugt werden.[64] Im besten Fall werden mehrere geschulte Interviewer_innen eingesetzt, so dass auftretende verzerrende Einflüsse ausgeglichen werden. Zudem kann der Untersuchende während der Durchführung der Interviews anhand von Stichproben der Interviewaufzeichnungen das Verhalten des Interviewers überprüfen und Hinweise geben.[65]

2.3 Verzerrungen durch den Befragten

Erwartungen über den Zusammenhang einer Antwort können Verzerrungen verursachen, wie es am Beispiel der sozialen Erwünschtheit kurz beschrieben werden soll. Aufgrund dieses Effekts beschreiben sich Personen anders als sie sind, um in einem günstigeren Licht gesehen zu werden. So berichten sie verstärkt über sozial erwünschte Eigenschaften und streiten unerwünschte ab, um sich an der vermuteten Erwartung des Interaktionspartners anzupassen. Vor allem neigen Personen mit geringem Selbstbewusstsein zur sozial erwünschten Selbstdarstellung, um Anerkennung zu erlangen und Missbilligungen zu

---

[62] Vgl. Brosius et al. (2016), S.127-128.
[63] Vgl. Hussy et al. (2013), S. 280.
[64] Vgl. Steffen/Doppler (2019), S. 33.
[65] Vgl. Wittkowski (1994), S. 41.

vermeiden.[66] Diese Verzerrung entsteht dort, wo Normen und Werte der Gesellschaft direkt oder indirekt betroffen sind. So erwartet die Gesellschaft einerseits sozial konformes Verhalten und andererseits möchte der Forscher gerade keine angepasste, sondern wahre Einstellung des Menschen ergründen. Wenn die Studierenden befragt werden, ob sie eher Informations- oder Unterhaltungssendungen schauen, werden mehrheitlich Informationssendungen angegeben, weil sie denken, dass das von ihnen erwartet wird. Wird dagegen das tatsächliche Fernsehverhalten untersucht, kann festgestellt werden, dass der Unterhaltungsanteil überwiegt.[67] In einer Studie beschrieben sich Frauen als zufriedener, wenn der Interviewer körperbehindert war, nur dann, wenn die Zufriedenheit schriftlich und somit nicht öffentlich abgefragt wurde. Erfolgte die Zufriedenheitseinschätzung mündlich, also öffentlich, fiel die Beschreibung als weniger zufrieden aus. Diese Urteile resultieren aus der sozialen Erwünschtheit, dass wenn es dem Interviewer offensichtlich schlecht ginge, die Befragten nicht sagen könnten, dass es ihnen gut gehe.[68]

Diese Art der Verzerrung kann teilweise durch die Frageformulierung vermieden werden, indem problematische Handlungen relativiert werden und somit den Befragten es erleichtert, eine sozial nicht erwünschte Antwort zu geben. Des Weiteren helfen Projektionsfragen, bei denen nicht nach dem eigenen Verhalten, sondern nach dem des unmittelbaren sozialen Umfelds fragt.[69]

3. Aufgabe B3

Im dritten Teil der Einsendeaufgabe sollen die typischen Abläufe der inhaltlich strukturierenden qualitativen Inhaltsanalyse sowie der evaluativen qualitativen Inhaltsanalyse erläutert werden. Anschließend werden die wichtigsten Unterschiede beider Analysemethoden herausgestellt.

---

[66] Vgl. Werth (2020), S. 40.
[67] Vgl. Brosius et al. (2016), S. 92.
[68] Vgl. Werth (2020), S. 40.
[69] Vgl. Brosius et al. (2016), S. 93.

3.1 Qualitative Inhaltsanalyse

Interviews generieren vorrangig verbale Daten, die durch verschiedene Methoden inhaltlich analysiert und ausgewertet werden können. Eine mögliche Methode ist die Inhaltsanalyse.[70] „Die Inhaltsanalyse ist ein systematisches, datenreduzierendes Verfahren zur vergleichenden Analyse von bedeutungshaltigem Material."[71] Die Zielkriterien sind dabei Systematik und Intersubjektivität.[72] Das grundlegende Instrument für die Systematisierung der Inhalte sind Kategoriensysteme.[73] Die Intersubjektivität des Verstehens eines Textes bezieht sich dabei auf die systematische Prüfung einzelner Textteile unter die herausgearbeiteten Bedeutungskategorien.[74] Auswertungsgegenstand ist dabei jede Art von fixierter Kommunikation, wie bspw. Gesprächsprotokolle oder Videoaufnahmen.[75]

Ursprünglich zählte das qualitativ inhaltsanalytische Verfahren zu den qualitativen Forschungsmethoden, wird aber nun zwischen dem qualitativen und quantitativen Forschungsparadigma verortet, da einzelne Varianten Ähnlichkeiten zur quantitativen oder qualitativen Methodologie aufweisen.[76] So beinhaltet die qualitative Inhaltsanalyse die typisch qualitative Flexibilität der Anpassung an unterschiedliche Materialien und die typisch quantitative Systematik des Vorgehens.[77]

Es gibt verschiedene Varianten der qualitativen Inhaltsanalyse.[78] Zwei Varianten sollen im Folgenden vorgestellt und verglichen werden.

3.2 Ablauf der inhaltlich strukturierenden qualitativen Inhaltsanalyse

Die inhaltlich strukturierende qualitative Inhaltsanalyse ist ein siebenstufiges Verfahren, dessen Fokus darauf liegt, das Material systematisch im Hinblick auf

---

[70] Vgl. Renner/Jakob (2020), S. 95.
[71] Hussy et al. (2013), S. 256.
[72] Vgl. Renner/Jakob (2020), S. 99.
[73] Vgl. Stamann et al. (2016), S. 13.
[74] Vgl. Renner/Jakob (2020), S. 99.
[75] Vgl. Mayring (2000).
[76] Vgl. Göhner/Krell (2020).
[77] Vgl. Hussy et al. (2013), S. 256.
[78] Vgl. Göhner/Krell (2020).

einzelne Aspekte zu beschreiben.[79] Die Phasen sind in der unteren Grafik dargestellt und werden im Folgenden kurz erläutert.

Abbildung 1: Ablaufschema einer inhaltlich strukturierenden Inhaltsanalyse
(Quelle: Kuckartz (2018), S.100)

Eingeleitet wird die Analyse mit einer Auseinandersetzung des Textes, dem sorgfältigen Lesen und Markieren von besonders wichtigen Passagen. Besonderheiten und Auswertungsideen werden in Memos festgehalten. Abschließend wird eine erste kurze Fallzusammenfassung erstellt.[80]
Die Struktur der Daten wird durch Kategorien erzeugt, die in der zweiten Phase thematisch festgelegt werden.[81] Für die Entwicklung der Kategorien – entweder theoriegeleitet am Leitfaden oder induktiv am Material – gibt es unterschiedliche Ansätze.[82] Häufig werden Hauptkategorien bereits aus der Forschungsfrage abgeleitet. Durch die intensive Textarbeit lassen sich weitere, unerwartete Themen identifizieren, die die Kategorien ergänzen können. Wichtig ist in dieser Phase, alles Relevante zu erfassen. Um die Themen auf ihre Anwendbarkeit überprüfen zu können, empfiehlt es sich, einen ersten Durchlauf für einen Teil der Daten durchzuführen. Das Testmaterial hängt vom Materialumfang und der

---
[79] Vgl. Stamann et al. (2016).
[80] Vgl. Kuckartz (2018), S. 101.
[81] Vgl. Ebd. (2018), S. 101-102.
[82] Vgl. Schreier (2014).

Komplexität der Kategorien ab. Für den Probelauf sollten 10% bis 25% des Auswertungsmaterials ausreichend sein.[83]

In der dritten Phase findet der erste Codierprozess statt. Der Text wird sequenziell durchgegangen und Textstellen der jeweiligen Kategorie zugeordnet. Einer Textstelle können dabei auch mehrere Kategorien zugewiesen werden. Bei dem Kategoriensystem ist zu beachten, dass es in enger Verbindung zur Fragestellung und nicht zu feingliedrig oder zu umfangreich gebildet wird. Zudem sind mehrere Codierende zu empfehlen, damit die Zuordnungen zuverlässiger werden.[84]

Anschließend werden alle Textstellen, die mit der gleichen Kategorie codiert wurden, zusammengestellt.[85]

Im fünften Schritt werden die noch allgemein gehaltenen Kategorien weiter ausdifferenziert. Dafür werden die thematischen Kategorien ausgewählt, für die induktiv Subkategorien gebildet werden sollen. Alle codierten Textstellen der Kategorie werden in einer Liste zusammengefasst, um diese dann zu ordnen und zu systematisieren. Nachdem relevante Dimensionen identifiziert wurden, werden die Subkategorien ggf. nochmals zu allgemeineren Subkategorien zusammengefasst. Anschließend werden Definitionen für die einzelnen Subkategorien formuliert und Zitate aus dem Material zugeordnet.[86]

Das nun ausdifferenzierte Kategoriensystem bildet im sechsten Schritt die Grundlage für die arbeitsreichste Phase – die zweite Codierung.

Ausdifferenzierte Kategorien werden den Textstellen zugeordnet, die bisher der Hauptkategorie zugeordnet waren. Hierbei erfolgt ein erneuter Durchlauf des codierten Materials. Wichtig ist, dass ausreichend viel Material herangezogen wird. Denn werden Subkategorien anhand von zu wenig Material gebildet, müssen diese präzisiert und erweitert werden. Allerdings sollten bei wenig Forschungsmaterial auch nicht zu viele Subkategorien gebildet werden.[87]

Der letzte Schritt dient der erneuten Analyse der Hauptkategorien und Zusammenhängen von Kategorien. Abschließend werden die Ergebnisse visualisiert.[88]

---

[83] Vgl. Kuckartz (2018), S. 101-102.
[84] Vgl. Ebd., 102-105.
[85] Vgl. Ebd., S. 106.
[86] Vgl. Ebd., S. 106.
[87] Vgl. Ebd., S. 110.
[88] Vgl. Ebd., S. 117.

3.3 Ablauf einer evaluativen qualitativen Inhaltsanalyse

Die evaluative qualitative Inhaltsanalyse enthält die gleichen Hauptphasen wie die inhaltlich strukturierende Inhaltsanalyse. Ein Unterschied besteht allerdings in der Art der Kategorienbildung, so dass der Ablauf der Phasen von der Codierung bis zur Darstellung der Ergebnisse anders verläuft.[89]

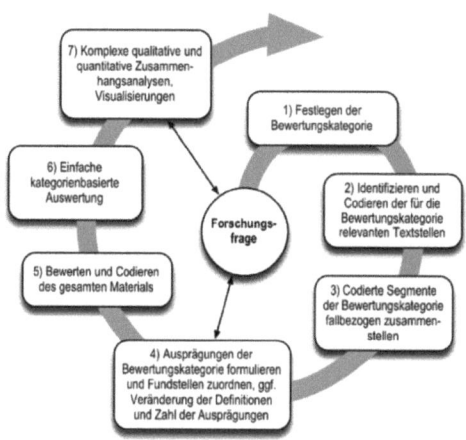

Abbildung 2: Ablaufschema einer evaluativen qualitativen Inhaltsanalyse
(Quelle: Kuckartz (2018), S.125)

In der ersten Phase werden die Kategorien bestimmt, die stringent mit der Forschungsfrage zusammenhängen. Die Kategorien können sich von der Forschungsfrage ableiten oder sich während der Auswertung ergeben. Die Kategorien sollten dabei genau überlegt werden, da Bildung und Codierung einer Kategorie mit einem beträchtlichen Aufwand verbunden sind.[90]
Im zweiten Schritt wird das gesamte Material durchgearbeitet, so dass jede – für die fokussierte Kategorie – relevante Textstelle codiert werden kann.[91]
Anschließend erfolgt in der dritten Phase eine kategorienbasierte Auswertung. Alle Codierungen werden in einer Liste fallbezogen zusammengestellt. Die

---

[89] Vgl. Kuckartz (2018), S. 124-125.
[90] Vgl. Ebd., S. 126.
[91] Vgl. Ebd., S. 127.

Zusammenstellung bilden die Basis für die analytische Arbeit in den beiden nächsten Phasen.[92]

Um im vierten Schritt die Ausprägungen der Bewertungskategorien formulieren zu können, müssen die codierten Textstellen unterschieden werden. Für die Unterscheidung können die drei Ausprägungen „hohe Ausprägung der Kategorie", „geringe Ausprägung der Kategorie", „nicht zu klassifizieren" herangezogen werden. Des Weiteren muss eine Entscheidung getroffen werden, ob der gesamte Text oder jedes Segment gesondert zu evaluieren sind. Am Ende sollte der gesamte Text bewertet werden. Unter Umständen sind mehrere Verfeinerungsschleifen für die Formulierung der Ausprägungen und Anwendung auf das Material zu durchlaufen. Gegebenenfalls müssen Definition und Abgrenzungen der Ausprägungen verändert werden. Wenn das Sample aus klar unterschiedenen Gruppen besteht (bspw. Altersgruppe I 15–25 Jahre, Altersgruppe II 45–55 Jahre), kann eine Quotierung bei der Auswahl des Materials vorgenommen werden (z.B. fünf Personen aus Altersgruppe I und fünf aus Altersgruppe II). Ansonsten kann eine Zufallsauswahl vorgenommen werden.[93]

In der fünften Phase werden die Kategorien endgültig eingeschätzt und die Codierungen bewertet. Dieser Codiervorgang erfordert ebenfalls, Beispiele zu markieren, diese für den Forschungsbericht festzuhalten, Definitionen von Kategorien zu präzisieren und diese mit Zitaten zu illustrieren.[94]

Daran schließt sich in einer deskriptiven Phase die einfache kategorienbasierte Auswertung an.[95]

In der letzten, komplexesten Phase erfolgen qualitative und quantitative Analysen sowie eine Untersuchung der Zusammenhänge der Kategorien. Auch in dieser Phase werden abschließend die Ergebnisse visualisiert.[96]

---

[92] Vgl. Kuckartz (2018), S. 127.
[93] Vgl. Ebd., S. 127-128.
[94] Vgl. Ebd., S. 134.
[95] Vgl. Ebd., S. 134-135.
[96] Vgl. Ebd., S. 137.

3.4 Vergleich beider Methoden

Nachdem beide Methoden vorgestellt wurden, werden im Folgenden beide Verfahren miteinander verglichen und die wichtigsten Unterscheide herausgestellt.

Zunächst einmal ist festzustellen, dass sich beide Verfahren ähneln. So kann sogar die evaluative qualitative Inhaltsanalyse als Variante der strukturierenden qualitativen Inhaltsanalyse angesehen werden.[97] Beide Verfahren enthalten die gleichen Hauptphasen.[98]

Der maßgeblichste Unterschied zwischen beiden Methoden besteht dahingehend, dass das Vorgehen der evaluativen Inhaltsanalyse im Vergleich zur inhaltlich strukturierenden Inhaltsanalyse stärker hermeneutisch-interpretativ und ganzheitlich orientiert ist.[99] Während bei der inhaltlich strukturierenden qualitativen Inhaltsanalyse der Fokus darauf liegt, Themen und Subthemen zu identifizieren, zu systematisieren und die wechselseitigen Relationen zu analysieren, steht bei der evaluativen qualitativen Inhaltsanalyse die Einschätzung, Klassifizierung und Bewertung von Inhalten im Mittelpunkt.[100] Diese Bewertungen erfolgen auf der Ebene des gesamten Falls und nicht kleinteilig auf einzelnen Textstellen.[101] Da die Einschätzungen im hohen Maße interpretativ sind, ist bei dem evaluativen Verfahren eine klare Definition von Kategorien und eine wechselseitige Abgrenzung der Subkategorien von großer Bedeutung.[102] Darüber hinaus stellen die Klassifizierungen und Bewertungen der evaluativen Inhaltsanalyse höhere Anforderungen an die Codierenden als bei der inhaltlich strukturierenden Inhaltsanalyse. Daher empfiehlt es sich, bei dem evaluativen Verfahren zwei voneinander unabhängige Codierenden einzusetzen.[103]

Des Weiteren unterscheiden sich beide Verfahren in der Art der Kategorienbildung und der Größe der Kodiereinheit. Während bei der inhaltlich

---

[97] Vgl. Schreier (2014).
[98] Vgl. Kuckartz (2018), S. 124-125.
[99] Vgl. Ebd., S. 140.
[100] Vgl. Ebd., S. 123.
[101] Vgl. Ebd., S. 140.
[102] Vgl. Schreier (2014).
[103] Vgl. Kuckartz (2018), S. 141.

strukturierenden Inhaltsanalyse Oberkategorien häufig auf Grundlage von Vorwissen und Subkategorien induktiv aus dem Material gebildet werden, generieren sich bei der evaluativen Inhaltsanalyse die Oberkategorien aus dem Material und die Subkategorien aus dem Vorwissen.[104] Zudem sind die Kategorien bei der evaluativen Inhaltsanalyse größer angelegt.[105] Die Kodiereinheiten sind beim inhaltlich strukturierenden Verfahren eher klein.[106]
Die Methode der evaluativen Inhaltsanalyse eignet sich besonders für theorieorientiertes Arbeiten. So muss nicht bereits zu Beginn der Forschung ein profundes, theoretisches Wissen bestehen und explizit formulierten Hypothesen nachgehen, sondern es können auch Hypothesen und Theorien erst während des Verlaufs entwickelt werden. Stehen eher Beschreibungen im Fokus, ist das inhaltlich-strukturierende Verfahren besser geeignet.[107]
Abschließend ist festzuhalten, dass die inhaltlich-strukturierende Inhaltsanalyse zu den essentiellsten Varianten qualitativer Inhaltsanalyse zählt.[108] In der Praxis lassen sich beide Verfahren gut miteinander kombinieren. Dabei können für einzelne Bereiche evaluative Kategorien definiert werden, die unter Umständen auf inhaltlich strukturierende Codierung aufbauen.[109]

---

[104] Vgl. Schreier (2014).
[105] Vgl. Kuckartz (2018), S. 141.
[106] Vgl. Schreier (2014).
[107] Vgl. Kuckartz (2018), S. 141.
[108] Vgl. Schreier (2014).
[109] Vgl. Kuckartz (2018), S. 141.

4. Anlage

Interviewleitfaden zur Ermittlung der Unternehmensreputation der Vertical Media GmbH

A. Begrüßung und Vorstellung

Guten Tag und herzlich Willkommen. Vielen Dank, dass Sie sich heute die Zeit für das Interview genommen haben. Mein Name ist Sina Weber. Ich studiere aktuell im Fernstudium Psychologie an der SRH Fernhochschule und möchte – wie bereits in der Teilnehmerinformation beschrieben – im Rahmen meiner Hausarbeit Ihre subjektiven Eindrücke hinsichtlich der Unternehmensreputation der Vertical Media GmbH erfahren. Mich interessiert besonders, wie Sie die Vertical Media GmbH als Außenstehende_r oder Interne_r wahrnehmen und den Ruf einschätzen.

Vielen Dank auch, dass Sie bereits im Vorfeld die Einverständniserklärung für die Aufzeichnung des Interviews unterschrieben haben. So kann ich mich am besten auf das Gespräch konzentrieren und muss keine Notizen nebenher machen. Ich möchte noch einmal darauf hinweisen, dass Sie das Gespräch jederzeit abbrechen und die Löschung der Aufzeichnung verlangen können. Selbstverständlich werden alle persönlichen Daten sowie Rückschlüsse auf Ihre Person vertraulich behandelt und erscheinen in meiner Hausarbeit in anonymisierter Form.

Unser Interview wird voraussichtlich 45 bis 60 Minuten dauern. Haben Sie noch Fragen? Wenn nicht, können wir anfangen.

B. Formaler Teil

Name, Vorname:
Geschlecht:
Alter:
Datum/Ort:
Beginn/Ende:

C. Eingangsfragen

1. In welchem Verhältnis stehen Sie zur Vertical Media GmbH?
2. Was verstehen Sie allgemein unter Unternehmensreputation?

D. Themenblock funktionale Reputation

3. Wie beurteilen Sie die Qualität der von der Vertical Media GmbH angebotenen Produkte und Dienstleistungen?
   - Ist die Vertical Media GmbH mit ihren Produkten und Dienstleistungen gut aufgestellt?
   - Welchen Nutzen bietet die Vertical Media GmbH ihren Lesern, Kunden und Partnern?
   - Wie befriedigend finden Sie die Produkte und Dienstleistungen?
   - Wie erfolgt die Bereitstellung der Produkte und Dienstleistungen?

4. Wie schätzen Sie den wirtschaftlichen Erfolg der Vertical Media GmbH ein? Woran machen Sie ihre Aussagen fest?
   - Wie verhält sich das Wachstum der Leser- und Abonnentenzahlen im Vergleich zum Wettbewerb?
   - Wie entwickelt sich der Umsatz?
   - Welchen Entwicklungsstand hat das Verlagshaus Ihrer Meinung nach in fünf Jahren?

5. Wie nehmen Sie das Management bzw. die Führung der Vertical Media GmbH wahr?
   - Mit welchen Begriffen können Managementqualitäten bzw. Führungskompetenzen beschrieben werden? Bspw. agil, kundenorientiert, empathisch, visionär, autoritär, hierarchisch, kooperativ, professionell, offen, transparent, vertrauenswürdig.

6. Inwiefern schätzen Sie die Vertical Media GmbH als innovativ ein?
   - Was verstehen Sie unter Innovationen?
   - Welche explizite Innovationsstrategie der Vertical Media GmbH kennen Sie?
   - In welchen Bereichen ist Vertical Media innovativ? Bspw. Produkte, Services, Geschäftsmodelle, Online Marketing
   - Wie und mit wem werden innovative Lösungen entwickelt?

7. Wie bedeutend schätzen Sie die Vertical Media GmbH im Vergleich zu konkurrierenden Online-Verlagen ein?
   - Welche Relevanz hat die Vertical Media GmbH für Leser, Kunden, Partner, Verbände (Bitkom, Mittelstandsverband), Politik hinsichtlich der Wettbewerber?
   - Wer sind die Marktführern unter den Online-Verlagen?
   - Über welches Alleinstellungsmerkmal verfügt die Vertical Media GmbH gegenüber Wettbewerbern?

E. Themenblock soziale Reputation

8. Wie schätzen Sie die soziale Verantwortung der Vertical Media GmbH ein? Fallen Ihnen dazu besondere Beispiele oder Maßnahmen ein?
   - Wie fair schätzen Sie das Geschäftsgebaren ein?
   - Inwiefern passt das Handeln der Vertical Media GmbH in die gesellschaftlichen Normen und Werte?
   - Inwiefern werden moralische Erwartungen der Gesellschaft erfüllt?
   - Inwiefern entsprechen die Redaktionsleitlinien den Werten aus Politik, Wirtschaft und Gesellschaft?
   - Könnte die Vertical Media GmbH mehr soziale Verantwortung übernehmen? Wenn ja, inwiefern? Bitte nennen Sie Beispiele.

9. Was trägt die Vertical Media GmbH zum Wohlergehen der Mitarbeiter/innen bei? Können Sie dafür Beispiele geben?
   - Wie schätzen Sie die Arbeitsbedingen ein?
   - Welche Angebote gibt zur Förderung der Gesundheit?
   - Welche Mitarbeiter-Benefits werden angeboten?

10. Welchen Beitrag leistet die Vertical Media GmbH zur Umwelt?
    - Wie wird das Umweltbewusstsein gefördert? Bspw. Verwendung ökologischer Produkte, Mülltrennung etc. bei den Eventformaten.
    - Was könnte verbessert werden?

F. Themenblock expressive Reputation

11. Wie attraktiv ist das Auftreten der Vertical Media GmbH in ihren Augen?
    - Wie würden Sie das Image der Vertical Media GmbH beschreiben?
    - Wie interessant ist eine Zusammenarbeit für Kunden und Partner?
    - Wie identifizieren Sie sich mit der Vertical Media GmbH, ihren Produkten oder Dienstleistungen?

12. Wie attraktiv schätzen Sie die Vertical Media GmbH als Arbeitgeber ein?

G. Abschluss

Ich bin am Ende meiner Fragen angekommen. Haben Sie noch Punkte, die noch nicht zur Sprache gekommen sind und die Sie gerne ergänzen möchten?

Ich bedanke mich recht herzlich, dass Sie sich die Zeit für das Interview genommen haben!

Literaturverzeichnis

Brosius, H.B./Haas, A./Koschel, F (2016), Methoden der empirischen Kommunikationsforschung, 7. Aufl., Wiesbaden.

Bröder, A./Hilbig, B. (2017), Urteilen und Entscheiden. In: Müsseler, J./Rieger, M. (Hrsg.), Allgemeine Psychologie, 3. Aufl., Berlin, Heidelberg, S. 619–662.

Döring, N./Bortz, J. (2016), Forschungsmethoden und Evaluation in den Sozial- und Humanwissenschaften, 5. Aufl., Berlin, Heidelberg.

Eisenegger, M./Imhof, K. (2007), Das Wahre, das Gute und das Schöne: Reputations-Management in der Mediengesellschaft, https://www.foeg.uzh.ch/dam/jcr:00000000-13a2-35bc-0000-00000a79c849/Wahr_Gut_Schoen_2007_d.pdf, abgerufen am 06.08.2020.

Flick, U. (2006), Qualitative Sozialforschung, 7. Aufl., Reinbek.

Hussy, W./Schreier, M./Echterhoff, G. (2013), Forschungsmethoden in Psychologie und Sozialwissenschaften für Bachelor, 2. Aufl., Berlin, Heidelberg.

Mayring, P. (2000), Qualitative Inhaltsanalyse, https://www.qualitative-research.net/index.php/fqs/article/view/1089/2383, abgerufen am 06.08.2020.

Mayring, P. (2020), Qualitative Forschungsdesigns. In: Mey, G./Mruck, K. (Hrsg.), Handbuch Qualitative Forschung in der Psychologie, Band 2, 2. Aufl., Berlin, Heidelberg, S. 3–17.

Mey, G./Mruck, K (2020), Qualitative Interviews. In: Mey, G./Mruck, K. (Hrsg.), Handbuch Qualitative Forschung in der Psychologie, Band 2, 2. Aufl., Berlin, Heidelberg, S. 315–335.

Prochazka, F. (2020), Vertrauen in Journalismus unter Online-Bedingungen, Wiesbaden.

Renner, K. H./Jacob, N.-C. (2020), Das Interview, Berlin.

Schreier, M. (2014), Varianten qualitativer Inhaltsanalyse: Ein Wegweiser im Dickicht der Begrifflichkeiten, https://www.qualitative-research.net/index.php/fqs/rt/printerFriendly/2043/3635, abgerufen am 11.08.2020.

Schreier, M. (2020), Fallauswahl. In: Mey, G./Mruck, K. (Hrsg.), Handbuch Qualitative Forschung in der Psychologie, Band 2, 2. Aufl., Berlin, Heidelberg, S. 19–39.

Steffen, A./Doppler, S. (2019), Einführung in die Qualitative Marktforschung, Wiesbaden.

Wild, A. (2016), Das strategische Kompetenzmanagement als ein wesentlicher Bestandteil der Employability, München.

Willoh, A. (2015), Positiv erlebte Führungsbeziehungen, Wiesbaden.

Wittkowski, J. (1994), Das Interview in der Psychologie: Interviewtechnik und Codierung von Interviewmaterial, Opladen.

BEI GRIN MACHT SICH IHR WISSEN BEZAHLT

- Wir veröffentlichen Ihre Hausarbeit, Bachelor- und Masterarbeit

- Ihr eigenes eBook und Buch - weltweit in allen wichtigen Shops

- Verdienen Sie an jedem Verkauf

Jetzt bei www.GRIN.com hochladen und kostenlos publizieren